PREMIERS ÉLÉMENTS DE LECTURE

DE LA

LANGUE SANSCRIT

(Caractères Devanagari)

Cours Professé à l'École Hermétique de Paris

PAR LE

Dr PAPUS (G. ENCAUSSE)

Directeur de l'École

2e Édition

Considérablement augmentée

—

Nombreux exemples Figures et Tableaux

à PARIS

chez DORBO[N]

AINÉ

19, Boulevar[d] Haussman[n]

PREMIERS ÉLÉMENTS
de la
Langue Sanscrite
(*Caractères Devanagari*)

Paris, Impr. de *Mysteria*, 18, rue Séguier.

INTRODUCTION

Dès le début de nos études au sujet de la langue sanscrite, nous avons été arrêté par la difficulté de trouver un livre assez élémentaire pour permettre à l'élève d'aborder avec fruit la lecture de l'admirable *Méthode pour étudier la Langue sanscrite* de E. Burnouf et L. Leupol.

Le présent travail a pour but de fournir aux élèves de nos Ecoles d'Hermétisme et aux personnes que ces recherches intéressent une sorte d'A, B, C du sanscrit, leur permettant d'arriver à lire les caractères dévanagari.

Les élèves qui voudront pousser plus loin leurs études devront forcément étudier la Méthode de MM. Burnouf et Leupol, qui leur fournira tous les renseignements complémentaires.

Notre travail se terminera par des considérations sur le symbolisme du sanscrit et sur ses rapports avec d'autres langues orientales, considérations qui s'adressent à nos seuls élèves de la Faculté d'étude hermétique de Paris et des Écoles secondaires d'hermétisme de France et de l'Étranger.

Si nous leur évitons un peu de travail, notre but sera largement atteint.

INTRODUCTION A LA DEUXIÈME ÉDITION

La première édition de notre travail sur l'alphabet sanscrit a été vite épuisée et nous donnons aujourd'hui une nouvelle édition de *Nos Premiers Éléments de lecture de la langue sanscrite.*

Nous ne prétendons pas faire des sanscritistes éminents par la publication de ces quelques pages d'études. Mais nous avons la prétention de permettre à tout étudiant sérieux de vérifier dans les dictionnaires classiques le sens exact des termes qu'on présente à sa méditation.

Dans les études des traditions ésotériques il est capital d'être sérieusement documenté et de ne pas se montrer comme un ignorant prétentieux aux yeux des savants officiels.

Nos élèves de l'Ecole Hermétique ont pris l'habitude de lire dans le texte les termes hébraïques qui constituent la base de la tradition cabbalistique à laquelle se rattachent les écoles d'occultisme dites occidentales.

Il existe une tradition orientale, aryenne d'origine et conforme dans ses grandes lignes d'enseignement à la tradition cabbalistique. Une société célèbre, la Société

Théosophique, a même « trusté » cette tradition et entouré son enseignement de telles erreurs historiques et linguistiques qu'elle a provoqué de violentes protestations de la part des savants officiels. Et cependant l'œuvre de cette société a été féconde. Elle a fait pénétrer dans les milieux mondains le goût des études supérieures et des conceptions de haute philosophie.

Mais la science vraie ne perd jamais ses droits, et il est temps de rétablir le sens exact des termes sanscrits employés par ces écoles et de jeter une lumière définitive sur l'origine exacte de ces théories philosophiques dont M. de Lafon a déterminé le processus en indiquant l'ouvrage dont elles étaient tirées : *La Roue du Temps* et sa date de rédaction (xᵉ siècle).

Du reste, nous avons étudié toutes ces questions dans deux de nos conférences ésotériques publiées par notre revue *Mysteria*.

Revenons au présent travail.

Pour le mettre en harmonie avec nos autres *Premiers Eléments* déjà parus et consacrés à la langue égyptienne et à l'alphabet hébraïque, nous avons étendu notre premier essai qui se trouve fortement augmenté.

C'est ainsi que nous avons donné un nouveau tableau de l'alphabet sanscrit (chapitre II) et que nous avons ajouté à la simple page de lecture sanscrite deux pages du dictionnaire de Burnouf, comme exercice vraiment pratique.

De plus, nous avons aussi emprunté à Burnouf un exposé des *Groupes* sanscrits plus clair que notre travail personnel.

Enfin nous avons ajouté une partie historique d'après

Ph. Berger et Saint-Yves qui donnera des enseignements bien peu connus généralement sur la date de rédaction du Devanagari et qui résume clairement l'état actuel de la question au point de vue de la science officielle.

PAPUS.

13 mai 1913.

PREMIERS ÉLÉMENTS DE LECTURE
DE LA
LANGUE SANSCRITE

PREMIÈRE PARTIE

I

LES LETTRES SANSCRITES. — LEUR FORME. — LOIS GÉNÉRALES DE CONSTRUCTION DES FORMES

Lorsqu'on examine une page d'écriture sanscrite, ce qui frappe tout d'abord, c'est la réunion de toutes les syllabes d'un même mot et souvent de deux mots contigus (1) par une longue barre horizontale sous laquelle sont les signes effectifs de l'écriture. Au-dessous de cette barre apparaissent des sortes d'accents qui, ainsi que nous le verrons par la suite, font fonction des voyelles, *i*, *e* ou *à*.

Quand on examine séparément un des caractères de l'écriture, on remarque que forcément ce caractère est dominé par une petite barre horizontale qui, unie à celle des autres caractères, constitue la grande ligne dominant le mot.

Ainsi voici deux caractères, व *va* et ङ *γa*, qui sont

(1) Burnouf, *Grammaire*, p. 14.

acun couronnés par la barre horizontale. Unissons-les, us obtiendrons वउ un caractère unifié par la fusion une seule des deux barres horizontales précédentes.

Étudiées au seul point de vue de leur forme extérieure, ns tenir compte de leur caractère, les lettres sanscrites uvent se ramener toutes à trois formes types.

1° Une forme que je prendrai la liberté d'appeler *potence* constituée par une barre verticale venant s'in- rer à la fin à droite de la barre horizontale ainsi : ा. C'est dans l'intérieur de cette potence que sera contenu signe caractéristique de la lettre. Voici la lettre ल *la,* ui est formée par une sorte de 3 renversé horizontale- ent la tête en avant dans la potence. Voici la lettre न *na,* rmée par une virgule horizontale contenue dans la otence.

Sur 47 lettres sanscrites, 25 sont constituées par des gnes divers enclos dans la potence. Il est du reste bien ntendu que l'image que nous employons est simplement estinée à éclairer l'étude des formes des lettres et n'a ucune autre valeur.

2° A côté de la potence, nous trouverons le *T,* où la arre verticale viendra s'insérer non plus à la fin, mais bien *u milieu* de la petite barre horizontale ainsi T.

Sur cette barre verticale viendront s'appuyer les signes listinctifs de la lettre, soit d'un seul côté de la barre omme dans la lettre ड *'da,* soit des deux côtés de la barre comme dans la lettre क *ka*.

Sept lettres sur 47 répondent à la forme générale que nous venons de décrire.

3° Dans toutes les autres lettres, *il n'y a pas de barre*

verticale. Immédiatement au-dessous de la barre horizontale se trouve un signe plus ou moins serpentin comme dans les lettres इ *i*, ड़ *ẏa*, ब *ba*, ou circulaire comme dans les lettres ट *ṭa*, ठ *ṭa*, ढ *'ḍa* et छ *c̈a*, cette dernière lettre montrant une ligne courbe sur laquelle vient se greffer une sorte de cercle dédoublé au début.

En résumé, la règle générale est facile à retenir.

1. *Potence.* — Barre verticale insérée à droite, presque à la fin de la barre horizontale, 25 lettres (les chercher dès maintenant et seulement pour les voir dans le tableau alphabétique) qui sont :

a — l̥ — â — l̥̂ — o — œo — ya — la — va — ça — sa — ŝa
k'a — ga — g̀a — ç'a — j̈a — ña — na — la — °la — na
pa — ba — ma.

2. *T.* — Dans cette forme en té, la barre verticale vient s'insérer au milieu de la barre horizontale, et les signes se groupent soit d'un côté, soit des deux de ladite barre verticale, — 7 lettres qui sont :

r̥ — r̥̂ — ka — j̑a — da — p'a — b'a

3. *Serpent ou cercle.* — Dans cette forme, *pas de barre verticale,* tortillon serpentaire ou circulaire au-dessous de la barre horizontale ; 15 lettres répondent à cette loi générale ; ce sont :

i — u — î — û — e — æ — ra — ha — ya — c̈a — ṭa — °ṭa
ḍa — °ḍa — da

L'élève est invité, après avoir retrouvé ces lettres sur le tableau alphabétique, à en dessiner quelques-unes de chaque sorte.

VOYELLES

1re lettre अ a.. 2e आ â.. 3e इ i.. 4e ई î.. 5e उ u.. 6e ऊ û.. 7e ऋ ṛ.
8e ॠ ṝ.. 9e ऌ ḷi.. 10e ॡ ḹi.. 11e ए é.. 12e ऐ æ.. 13e ओ ô.. 14e औ au.

CONSONNES

Gutturales	15e क ka.. 16e ख kha.. 17e ग ga.. 18e घ gha.. 19e ङ ṅa.
Palatales	20e च ća.. 21e छ ćha.. 22e ज ja.. 23e झ jha.. 24e ञ ña.
Cérébrales	25e ट ṭa.. 26e ठ ṭha.. 27e ड ḍa.. 28e ढ ḍha.. 29e ण ṇa.
Dentales	30e त ta.. 31e थ tha.. 32e द da.. 33e ध dha.. 34e न na.
Labiales	35e प pa.. 36e फ pha.. 37e ब ba.. 38e भ bha.. 39e म ma.
Semi-voyelles	40e य ya.. 41e र ra.. 42e ल la.. 43e व va.
Sifflantes	44e श ça.. 44e bis श ça.. 45e ष sa.. 46e स sa.
Aspirée	47e ह ha
Lettre védique	ळ

CHIFFRES

१ २ ३ ४ ५ ६ ७ ८ ९ ०
1 2 3 4 5 6 7 8 9 0

SIGNES DIVERS

ा â ि i ी î ु u ू û
ृ ॄ े ê ै æ ो ô ौ au

anuswâra ं ṃ ṅ anunâsika ँ ṁ ṅ

virâma ् visarga : s apostrophe ऽ

II

Tableau Alphabétique

VOYELLES.

अ	आ	इ	ई	उ	ऊ	ऋ	ॠ	ऌ	ॡ
a	*â*	*i*	*î*	*u*	*û*	*ṛ*	*ṝ*	*ḷ*	*ḹ*

ए	ऐ	ओ	औ
ê	*æ*	*ô*	*œ*

CONSONNES.

क	ख	ग	घ	ङ
ka	*k'a*	*ga*	*ġa*	*γ̇a*
च	छ	ज	झ	ञ
ċa	*c̈a*	*ja*	*j̈a*	*ña*
ट	ठ	ड	ढ	ण
ṭa	*ṭ'a*	*ḍa*	*ḍ'a*	*ṇa*
त	थ	द	ध	न
ta	*t'a*	*da*	*d'a*	*na*
प	फ	ब	भ	म
pa	*p'a*	*ba*	*b'a*	*ma*
य	र	ल	व	
ya	*ra*	*la*	*va*	
श	ष	स		
ça	*ṡa*	*sa*		
ह				
ha				
ळ				
ḷa				

III

LES VOYELLES ET LEURS SIGNES REPRÉSENTATIFS

La représentation des voyelles présente certaines particularités qui méritent d'être bien analysées. Nous allons d'ailleurs, pour être plus clair, étudier à cet effet chacune des voyelles séparément.

A. — Au commencement des mots, le caractère employé est celui de la voyelle elle-même अ, comme dans le mot

अपर *apara*, autre.
A.Pa.Ra

Dans le cours du mot l'*A* n'est pas représenté à côté des consonnes qui sont réputées suivies de la *voyelle brève a* et qui se lisent *Ka*, *La*, *Ça* et non *K*, *L*, *Ç*.

Ex. : कलश *Kalaça*, calice
KaLaÇa

Mais, pour représenter, dans le cours d'un mot, l'*â* long, on se sert du signe ा placé après la consonne.

Ex. : बाला *Bâlâ*, jeune fille
BaALaA

Remarque. — Comme la barre horizontale de ce signe se confond avec la barre générale, c'est une simple barre *verticale* qui indique ce signe dans le cours d'un mot.

Exercice. — L'élève devra rechercher dans la page d'écriture sanscrite quelques mots contenant des *â* longs et les copier, en se reportant au tableau alphabétique pour les consonnes.

On remarquera que l'*A* long figure au commencement des mots en ajoutant le signe ci-dessous au caractère ordinaire de l'*A*, ainsi : आ.

*
* *

I. — La voyelle *i* est représentée au commencement des mots, par ses caractères इ (*i* bref) et ई (*î* long).

Dans le cours des mots cette voyelle est remplacée par des demi-cercles *placés au-dessus de la barre horizontale* et posés sur le signe ꣸.

Pour l'*i bref*, c'est un demi-cercle dont l'ouverture est tournée à droite (comme un *c*) et *qui se place* DEVANT *la consonne après laquelle on prononce l'i*, ि.

Ex. : कवि *Kavi*, poète
Ka i Va

Le signe de l'*i* est placé dans l'écriture entre le *Ka* et le *Va*, et cependant dans la prononciation on le place *après le Va*.

Pour l'*î* long, le signe est formé d'un croissant dont l'ouverture est tournée *à gauche* APRÈS la consonne et comme il doit être normalement lu ी.

Ex. : गीत *Gîta*, chant
GITa

*
* *

O. — Au commencement des mots, caractère ordinaire, c'est-à-dire ओ (*ô*) et औ (*æo*).

Dans le cours des mots, virgule allongée simple pour l'*ô*, double pour l'*æo* et concavité tournée à gauche ainsi : गोप *Gôpa*, bouvier, नौ *næo*, navire.

GoPa N æo

Remarque. — Le signe de l'*ô* se distingue du signe de l'*î* long par le renflement que présente le signe de l'*ô* à son extrémité, tandis que le signe de l'*î* est effilé à l'extrémité. Il se distingue du signe de l'*ê* en ce que ce dernier n'est pas surmonté par une barre verticale (voyez *E*).

Grossissons les deux signes pour indiquer les différences :

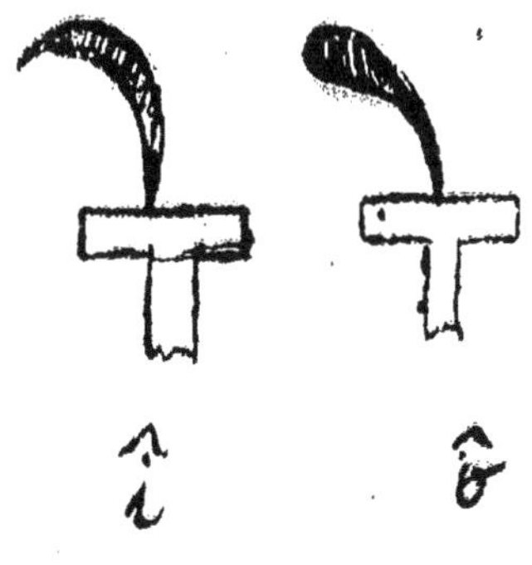

î ô

*
* *

E et Æ. — Au commencement des mots, lettres ordinaires : ए *e* et ऐ (*æ*).

Dans le cours des mots, mêmes signes que pour l'*o* et l'*æo*, mais s'écrivant *sans barre verticale* pour les supporter et directement au-dessus de la consonne.

Ex. : केशर *Kêçara*, crinière.
KEÇaRa

गै *Gæ*, chanter
Gæ

Tous les signes que nous venons de passer en revue autres que l'*a*, c'est-à-dire l'*i*, l'*o* et l'*e*, figurent dans le cours des mots *au-dessus de la barre horizontale*. Ceux qui nous restent à décrire s'écrivent au-dessous des mots.

Exercice. — L'élève devra étudier avec le plus grand soin, sur la page d'écriture sanscrite, l'emploi de ces différents signes, et il devra consacrer plusieurs séances d'études à recopier les mots contenant ces signes.

IV

SIGNES S'ÉCRIVANT AU-DESSOUS DES LETTRES

Ainsi que nous l'avons dit, tous les signes dont il nous reste à parler s'écrivent au-dessous des lettres.

U. — *U* bref et *û* long s'écrivent au commencement des mots comme ils sont figurés sur le tableau alphabétique.

Dans le cours des mots l'*u* bref se marque par un demi-cercle à concavité tournée à gauche ु, et l'*û* long par une virgule à concavité tournée à droite, ू; les signes s'écrivent directement *au-dessous* de la consonne dans laquelle l'*u* doit remplacer le son habituel d'*a*.

Ex. : (*u* bref) तुला *tulâ*, balance

Tu Lâ

û long भूमि *bûmi*, la Terre

Bû Mi

* * *

R *i*	caractère de *r* au début des mots. *i*	Comme dans le tableau alphabétique.
	caractère de *r* au début des mots. *i*	

Dans le cours des mots, la lettre entière est remplacée par sa terminaison droite inférieure, soit (1) pour r_i et pour $\hat{r}_i$.

Ex. : r_i पितृ *Pitr*$_i$, père

r_i कॄ $K\hat{r}_i$, répandre

*
* *

L_i. — ऌ caractère de la voyelle *Li* au début des mots.

ॡ caractère de la voyelle $\hat{L}_i$ au début des mots.

Dans le cours des mots on souscrit un signe formé par la combinaison du signe intérieur et du petit signe extérieur.

Soit ॢ pour l_i, combinaison de ृ et de [illegible] ;

Et ॣ pour $\hat{l}_i$, combinaison de ृ et de ɛ.

Ex. : कॢ Kl_i कॣ $K\hat{l}_i$.

Exercice. — L'élève s'exercera à retrouver ces caractères dans les mots sanscrits de la page d'écriture et à bien les dessiner.

(1) Voyez p. 8 et les exemples ci-dessous.

V

AUTRES SIGNES

A côté de ces signes des voyelles, on trouve, dans l'écriture sanscrite, quelques autres signes indispensables à connaître et qui sont les suivants :

Le point · placé au-dessus de la ligne horizontale et sur une consonne *(anuswara)* ajoute le son *m* ou *n* à la consonne.

Ex. : नान्‍ृतं *nânrtam*

NâNrTaM

Il en est de même du point placé dans un demi-cercle ँ *(anunasika)*.

Pour supprimer l'*a* du caractère primitif et terminer la syllabe par une consonne, on souscrit la *virâma* ou signe du silence (1) (Burnouf).

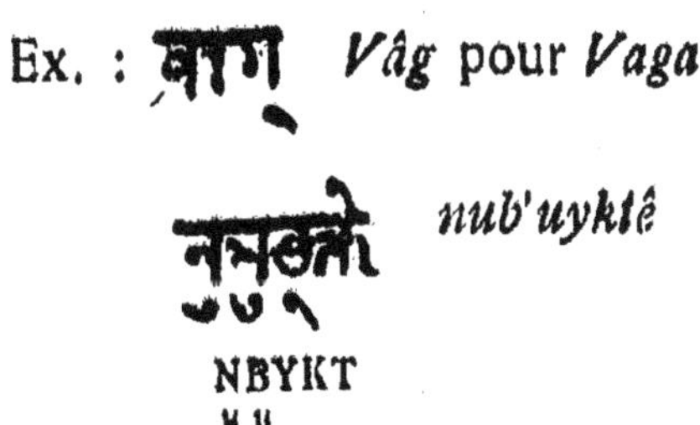

(1) Voyez p. 8

Pour terminer une consonne par *s* et *as*, on la fait suivre de deux points : (*visarga*).

Ex. : केवलः *Keval*AS.

Apostrophe sanscrite ऽ entre deux mots remplace l'*a* bref initial après un mot finissant par *ê* ou *ô* et ne doit s'employer que dans ce cas (Burnouf).

A propos de l'*r* deux nouveaux signes sont importants à retenir. Écoutons Burnouf :

Quand l'*r* *précède* la consonne, on le représente par une sorte de *c* plié sur celle-ci :

Ex. : कर्मन् *Karman*, action.

Quand l'*r* *la suit*, on la peint par une diagonale ajoutée en bas à gauche.

Ex. : क्रतु *Kratu*, sacrifice.

La différence de l'*r* *précédant* la consonne avec le signe de *i* bref est que ce dernier est allongé et *toujours placé sur une barre verticale*, tandis que le signe de l'*r* est placé directement sur la consonne et est court.

Voici un exemple où l'on trouvera l'emploi des deux signes :

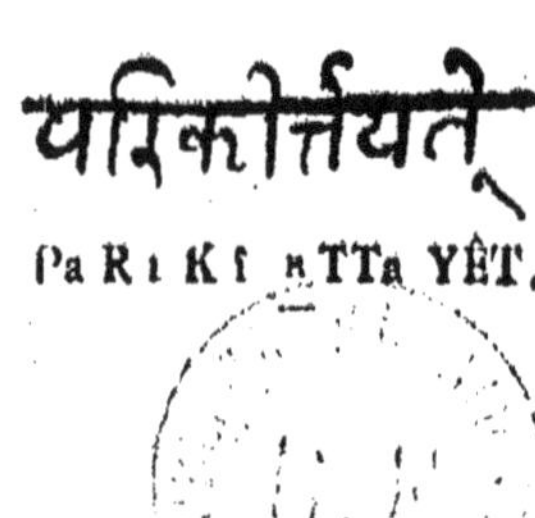

परिकीर्त्यते

PaRiKîRTTaYÊT.

VI

EXEMPLE D'ÉCRITURE.

न विस्मयेत तपसा वदेदिष्ट्वा च नानृतं ।

Na vismayêta tapasâ, vadêd iṣṭwâ ća nânṛtam :

नार्त्तोऽप्यपवदेद्विप्रान् न दत्वा परिकीर्त्तयेत् ॥

Nârttô 'pyapavadêd viprân ; na datwâ parikîrttayêt

धर्मं शनैः सञ्चिनुयाद्वल्मीकमिव पुत्तिकाः ।

Ḋarmam çanæs sañćinuyâd valmîkam iva puttikâs.

परलोकसहायार्थं सर्वभूतान्यपीडयन् ॥

Paralôkasahâyârṫam sarvaḃûtâny apîḍayan.

नामुत्र हि सहायार्थं पिता माता च तिष्ठतः ।

Nâmutra hi sahâyârṫam pitâ mâtâ ća tiṣṫatas

न पुत्रदारं न ज्ञातिर्धर्मस्तिष्ठति केवलः ॥

Na putradâram na jñâtir, ḋarmas tiṣṫati kêvalâs.

मृतं शरीरमुत्सृज्य काष्ठलोष्टसमं क्षितौ ।

Mṛtam çarîram utsṛjya kâṣṫalôṣṭasamam xitæ

विमुखा बान्धवा यान्ति धर्मस्तमनुगच्छति ॥

Vimuḱâ bânḋavâ yânti ; ḋarmas tam anugaććati.

तस्माद्धर्मं सहायार्थं नित्यं सञ्चिनुयाच्छनैः ।

Tasmâd darmaṃ sahâyârtaṃ nityaṃ sañcinuyâc canaiḥ

धर्मेण हि सहायेन तमस्तरति दुस्तरं ॥

Ḋarmêna hi sahâyêna tamas tarati dustaraṃ.

धर्मप्रधानं पुरुषं तपसा हतकिल्बिषं ।

Ḋarmapradânaṃ puruṡaṃ, tapasâ hatakilviṡaṃ

परलोकं नयत्याशु भास्वन्तं खशरीरिणं ॥

Paralôkaṃ nayaty âçu bâswantaṃ kaçarîriṇaṃ.

Lois de Manu, IV. 236.

Exercice de Lecture

(*Deux pages de Dictionnaire de Burnouf*)

tti f. Vd. la double pointe du milieu de . || Le bout de l'arc; cf. *artti*.

र्दण *ârdana* m. (*ârd*) qui tourmente; éçuteur.

र्दित *ârdita* pp. (*ârd*) tourmenté, écuté, affligé. Cf. *ârtta*.

आर्द् *ârd* autre forme de la racine : *ârd* peut être composé de *â-ard*.

र्द्र *ârdra* a. (*ârd* inusité, gr. ἄρδω) ide, moite; mouillé, trempé; pluvieux. u fig. mou, lâche. — S. f. *ârdrâ* 6e as-me lunaire.

draka n. gingembre frais, non séché.

drâlubdhaka m. le nœud descendant.

र्धिषम् *ârdhisam* a 1. de *rdh*.

र्य *ârya* a. (*arya*) de la race des Aryas; ace noble; bien né. || Noble, généreux. . m. maître; chef de maison; proprié-. || Bd. l'ârya, le buddhiste qui, entré la vie religieuse, doit passer par les rs degrés de perfection. — S. f. *âryâ* de mètre poétique dont la forme est ée.

yaka m. grand-père, t. de théâtre. || vase employé dans les sacrifices en nneur des Pitris ou Ancêtres des Aryas.

yaputra m. père noble, au théâtre. || ils du maître spirituel.

yamârga m. la voie de l'ârya, c-à-d. la ctification de la vue, de la volonté, de ort, de l'action, de la vie, de la parole, a pensée, de la méditation; Bd.

ryamiçra a. (*miç*) noble; fameux; célè-

ryasatyâni n. pl. les quatre vérités limes, ou les 4 réalités de l'ârya; Bd.

ryâvartta m. (*vrt*) la contrée des Aryas. e l'Himâlaya et le Vindhya, Manu I.

ार्ष *ârsa* a. (*rsi*) qui vient des Rishis; est conforme au Vêda. || Respectable, érable. — S. m. paroles ou langage des is, c-à-d. du Vêda. || Une des formes mariage; voyez les Lois de Manu. — S. f. le *sanhitâ-pâta*.

ार्षभि *ârsabi* m. (*rsaba*) surnom de rata.

ार्षभ्य *ârsabya* m. (*rsaba*) veau destiné re taureau.

ालक्षयामि *âlaxayâmi* 10, (*lax*) voir, rder, remarquer.

ाल *âla* a. grand, spacieux. — S. n. ment jaune.

आलगर्द *âlagarda* m. (*alagarda*) serpent d'eau.

आलपामि *âlapâmi* 1, (*lap*) adresser la parole à, converser avec, ac.

आलभे *âlabê* 1, (*lab*) prendre, toucher. || Porter atteinte.

âlamba m. atteinte; attentat; meurtre.

आलम्बे *âlambê* 1, (*lamb*) étayer. || Saisir, *astram* une flèche.

âlamba m. appui, soutien. || Inclination, penchant.

âlambana n. Bd. support, substratum; il y en a 6, à savoir : la forme et les modes sensibles des choses.

आलय *âlaya* m. (*lî*) séjour; habitation, demeure; domicile.

आलवाल *âlavâla* m. petit bassin fait au pied d'un arbre pour l'arrosement.

आलस *âlasa* a. (*alasa*) paresseux.

âlasya n. paresse.

आलात *âlâta* n. (*âlâta*) tison; charbon noir ou braise.

आलान *âlâna* n. (*lâ*) action de lier, d'attacher. || La place où une bête est attachée. || La corde qui attache une bête, le licou. || En général, lien, corde, entraves.

आलाप *âlâpa* n. (*lap*) allocution; entretien; discours.

आलाबु *âlâbu* f. citrouille.

आलावर्त्त *âlâvartta* n. éventail de toile peinte.

आलास्य *âlâsya* m. (*âla* large, *âsya* gueule) crocodile.

आलि *âli* a. paresseux, inepte. Cf. *âlasa*.

आलि *âli* m. (*ala*) scorpion; abeille. Cf. *alin*.

आलि *âli* f. (syncope d'*âvali*) confidente, amie, suivante d'une femme. || Ligne, rangée; ligne de démarcation. || Lignée, famille. || Ligne droite, droiture, sincérité.

आलिखामि *âlikâmi* 1, (*lik*) dessiner, ac. — Pp. *âlikita* dessiné, peint.

आलिङ्गे *âliṅgê* 1, (*liṅg*) aller à; embrasser.

âliṅgana n. embrassement.

âliṅgin m. et *âliṅgya* m. petit tambour ovale dans sa longueur et qui se porte devant la poitrine.

• बुद्ध budda (pp. de bud) maître de son esprit, éclairé, savant, sage. — S. m. le Buddha Çâkyamuni. || Au pl. les 5 buddhas, les 16 buddhas, les buddhas anciens ou modernes, etc. Bd.

buddaguru m. un buddha enseignant, un guru buddhiste.

buddadravya n. avarice.

buddadarmasaṅga m. au pl. le Buddha, la Loi, l'Eglise [formule buddhique].

buddamârga m. la voie du Buddha, la loi religieuse enseignée par le Buddha, le Buddhisme.

बुद्धि buddi f. (bud; sfx. ti) intelligence, raison; || réflexion, science; || opinion, avis.

buddigrahya a. (grah) qui peut être atteint par la raison, intelligible.

buddijîvin a. raisonnable, intelligent.

buddimat a. (sfx. mat) doué de raison; || doué de science, savant. || Qui se rend à la raison, docile. || Connu, fameux.

buddiyukta a. (yuj) intelligent.

buddisahâya m. conseiller, ministre.

buddîndriya n. (indriya) organe sensible de l'intelligence [organes de la perception].

बुद्बुद budbuda m. bulle d'eau, bouillon. Lat. bulla.

• बुध् bud. bôdâmi, bôdê 1, budyê 4 [et Vd., budnâmi 9]; p. bubôda, bubudê; f2. bôdisyâmi, bôdisyê et bôtsyê; a. 1. abôdisam; a. 2. abudam. Pp. budda. A la cl. 4, revenir à soi [du sommeil, d'un évanouissement, etc.] : *na budyêta mê priyâ* que ma bien-aimée ne s'éveille pas. || Ordt. Remarquer, observer, percevoir : *bôda naḥ stômam* fais attention à notre hymne, Vd. || Apprendre, découvrir : *tattvaṃ dyânêna* la vérité par la réflexion; || connaître qqn. savoir qqc. || penser, réfléchir à, ac. — Zd. budh; gr. πυθ [πυνθάνομαι]; lith. bundu.

बुध buda a. savant, sage. — S. m. un savant. || Budha, fils de Sôma et régent de la planète Mercure. — S. f. nard indien.

budavâra m. mercredi.

budasuta m. Purûravas, fils de Budha.

बुधान budâna (ppr. de bud) éveillé, qui veille, Vd. || Sage, savant.

बुधित budita a. (bud) connu.

बुधिल budila a. (sfx. ila) sage, instruit.

बुध्न budna m. partie inférieure de qqc. || racine d'arbre.

बुन्द् bund. bundâmi et bud. bunddmi bundê 1, et bôdâmi, bôdê 1; etc. Percevoir, voir, entendre.

• बुन्ध् bund. budnâmi 9 et bundayâmi 10. Lier, attacher; cf. band.

बुबोधिषामि bubôdiṣâmi et bubudiṣâmi dés. de bud.

बुभर्षामि bubarṣâmi dés. de bṛ.

बुभुक्षामि bubuxâmi dés. de buj 7.

bubuxâ f. faim.

bubuxita a. affamé.

बुभुत्से bubutsê dés. de bud.

बुभूषामि bubûṣâmi (dés. de bû) vouloir être; vouloir exister, vouloir vivre. || Aspirer à, affecter, usurper, ac. || Préférer, choisir.

• बुल् bul. bôlayâmi 10. Submerger, plonger.

बुलि buli f. vulve.

• बुष् buṣ (?). buṣyâmi 4. Répandre; distribuer, cf. vyuṣ et bus.

बुष buṣa n. eau. || Paille.

• बुस् bus. busyâmi 4. Répandre; *jalam* de l'eau; || distribuer, cf. vyuṣ.

बुस busa n. paille; || bouze de vache sèche. || Richesse. || Lait caillé. — F. busâ sœur cadette [au théâtre].

• बुस्त् bust. bustayâmi 10. Apprécier, honorer, dédaigner, mépriser. || Lier, cf. pust.

बुस्त busta n. boulettes de viande, viande frite. || L'intérieur du fruit du jaquier.

बूक्क bûkka et bûkkan m. n., bûkkâ f. cœur; cf. bukka.

बृक्क bṛkka m. n. et bṛkkâ f. mms.

• बृह् bṛh; बृंह् bṛṅh; cf. vṛh, vṛṅh.

बृहत् bṛhat a. grand. — F. bṛhatî me-

VII

DES GROUPES

Quand on connaît bien les voyelles, les signes particuliers placés au-dessus et au-dessous des lettres et les lettres ordinaires, il reste encore une étude importante à faire pour parvenir à la lecture d'une page de sanscrit.

En effet, les consonnes sont très souvent *groupées* entre elles pour la facilité de l'écriture. De là résultent de nouvelles formes qu'un œil exercé reconnaît assez vite, mais qui demandent cependant une étude particulière.

Nous avons disposé ces groupes en un tableau construit sur le modèle des Tables de Pythagore. Le croisement des colonnes horizontales et verticales indique les deux caractères combinés pour former le nouveau signe. Dans la lecture de ce tableau, on lira d'abord *la consonne simple de la ligne horizontale*, puis on ajoutera toutes les lettres contenues dans la ligne verticale.

Ainsi, prenons par exemple la première consonne *Ka* dans la première ligne horizontale. On lira *K*.

Prenons dans la 9e ligne verticale les lettres *nya*. Le caractère contenu à l'intersection de la première ligne horizontale *K* et de la 9e verticale *nya* se lira KNYA.

Autre exemple :

19e Ligne *horizontale N*.

6e Ligne *verticale Tva*.

On trouvera au-dessus de chaque colonne verticale les

signes ajoutés à la lettre de la colonne horizontale pour constituer le nouveau caractère.

Les étudiants, que cette disposition que nous croyons assez claire ne satisferait pas, pourront recourir avec fruit à l'excellent tableau des Groupes publié dans la Méthode de MM. Burnouf et Leupol et que nous reproduisons ci-dessous.

Un exercice constant sur la page d'écriture sanscrite, en se reportant fréquemment au tableau des groupes, est indispensable pour que l'œil s'habitue à bien déchiffrer les groupes qui déroutent tant les commençants.

NÉCESSITÉ DE SAVOIR LIRE LE SANSCRIT

Tout ésotérisme peut se révéler aux profanes ou à la foule par un exotérisme. Mais, de même que le voile humide placé par le sculpteur sur les formes pures qu'il cache en suit les contours, de même tout exotérisme a sa raison d'être et peut servir de point de départ analogique.

Les secrets de la tradition transmise par l'Orient sont renfermés exotériquement dans la langue sanscrite.

Lors donc que l'étudiant se trouve en présence d'une révélation quelconque présentée comme dérivant de la tradition conservée par l'Orient, il doit se poser les questions suivantes :

1° Celui qui fait cette révélation sait-il au moins lire le sanscrit ?

2° Quel est le rapport des termes donnés comme sanscrits avec le sens exact de ces termes, tel qu'on le trouve dans les dictionnaires classiques où est écrite la signification exotérique de chacun de ces termes ?

TABLEAU DE TRANSCRIPTION.

VOYELLES.

अ	आ	इ	ई	उ	ऊ	ऋ	ॠ	ऌ	ॡ
a	*â*	*i*	*î*	*u*	*û*	*ṛ*	*ṝ*	*ḷi*	*ḷî*

ए	ऐ	ओ	औ
ê	*æ*	*ô*	*œ*

CONSONNES.

GUTTURALES.	क *ka*	ख *k̔a*	ग *ga*	घ *g̔a*	ङ *ṅa*
PALATALES.	च *ća*	छ *ć̔a*	ज *ja*	झ *j̔a*	ञ *ña*
CÉRÉBRALES.	ट *ṭa*	ठ *ṭ̔a*	ड *ḍa*	ढ *ḍ̔a*	ण *ṇa*
DENTALES.	त *ta*	थ *t̔a*	द *da*	ध *d̔a*	न *na*
LABIALES.	प *pa*	फ *p̔a*	ब *ba*	भ *b̔a*	म *ma*
SEMI-VOYELLES.	य *ya*	र *ra*	ल *la*	व *va*	
SIFFLANTES.	श *ça*	ष *śa*	स *sa*		
ASPIRÉE.	ह *ha*				
LETTRE VÊDIQUE.	ळ *ḷa*				

GROUPES.

क् *k* — क्क *kka* — क्च *kća* — क्त *kta* — क्त्य *ktya* — क्त्र *ktra* — क्त्र्य *ktrya*

क्त्व *ktva* — क्न *kna* — क्न्य *knya* — क्म *kma* — क्य *kya* — क्र *kra*

क्र्य *krya* — क्ल *kla* — क्व *kva* — क्ष *kśa (xa)*

ख् *k̔* — ख्न *k̔na* — ख्र *k̔ra* — ख्व *k̔va*

ग् *g* — ग्ग *gga* — ग्न *gna* — ग्र *gra*

घ् *g̔* — घ्न *g̔na* — घ्न्य *g̔nya* — घ्र *g̔ra* — घ्ल *g̔la*

ङ् *ṅa* — ङ्क *ṅka* — ङ्क्न *ṅkna* — ङ्क्य *ṅkya* — ङ्क्ष *ṅxa* — ङ्ख *ṅk̔a* — ङ्ग *ṅga*

ङ्ङ *ṅṅa* — ङ्म *ṅma* — ङ्घ *ṅg̔a* — ङ्य *ṅya*

च् *ć* — च्च *ćća* — च्ञ *ćña* — च्र *ćra* — च्व *ćva*

छ् *ć̔a* — छ्म *ć̔ma* — छ्य *ć̔ya* — छ्र *ć̔ra* — छ्व *ć̔va*

ज् *j* — ज्ञ *jña* — ज्र *jra* — ज्ज *jja*

ञ् *ñ* — ञ्च *ñća* — ञ्ज *ñja* — ञ्ञ *ñña*

ट् *ṭa* — ट्क *ṭka* — ट्ट *ṭṭa* — ट्त्स *ṭtsa* — ट्प *ṭpa* — ट्म *ṭma* — ट्श *ṭśa* — ट्स *ṭsa* — ट्य *ṭya*

ठ् *ṭ̔a* — ठ्म *ṭ̔ma* — ठ्य *ṭ̔ya*

ड् *ḍa* — ड्ग *ḍga* — ड्ड *ḍḍa* — ड्ढ *ḍḍ̔a* — ड्भ *ḍb̔a* — ड्य *ḍya*

ढ् *ḍ̔a* — ढ्न *ḍ̔na* — ढ्म *ḍ̔ma* — ढ्य *ḍ̔ya*

ṇ — ṇṇa

t — tta tra tva ttra ttva tna

ť — ťva

d — dga dgra dgya dǵa dǵra dda ddra

ddva dda dďna dďva dďya dna dba

dbra dbc dďya dďra dma dya

dra drya dva dvya ďvra

ď — ďna ďra ďva

n — nta ntra ntrya ntva nna nra nva

p — pta pna pra pla pva pvya

ṗa — ṗma ṗya

b — bra

ƃ — ƃra

m — mna mra mla mva

ra — ru rû

l — lna lla

v — vra vla vva

ç — çça çna çra çla çva

ś — śťa śťya śťa śťya śna śva

s — stra sna sra sla sva

h — hu hû hṛ hṝ hya hṇa hna

hma hra hrya hla hva hvya

SIGNES DIVERS.

ा â ि i ी î ु u ू û

ृ ṛ ॄ ṝ े ê ै ai ो ô ौ au

anuswâra ं ṃ ń anunâsika ँ ṃ ń

virâma ् visarga ः s apostrophe ऽ

CHIFFRES.

१	२	३	४	५	६	७	८	९	०
1	2	3	4	5	6	7	8	9	0

Nous ne saurions en effet trop répéter que *toujours* il doit exister un rapport analogique entre le sens exotérique et le prétendu sens secret de chaque mot. Sans cette base immuable du dictionnaire, on possède une lanterne sans luminaire, et l'on est sujet à des erreurs d'autant plus dangereuses qu'on les commet de bonne foi et qu'elles ridiculisent à jamais leurs auteurs, auprès non seulement des professeurs de sanscrit d'Occident auxquels on peut dénier la compréhension des mystères, mais surtout auprès des brahmines et des Orientaux instruits qui, eux, savent parfaitement à quoi s'en tenir.

Voilà pourquoi nous désirons que les élèves de la Faculté des Sciences hermétiques sachent assez déchiffrer les caractères dévanagari pour se servir d'un dictionnaire classique. Là se borne notre ambition, et telle est la raison d'être de cette petite méthode, que nous avons fait nos efforts pour rendre claire, mais que nous savons très incomplète. Aussi, répéterons-nous notre conseil de s'en référer toujours à la *Grammaire* si bien rédigée par Burnouf (1).

(1) On est prié d'excuser la mauvaise forme des signes donnés comme exemple, et de se reporter toujours au tableau alphabétique et à la page d'écriture ainsi qu'à leur origine : la méthode de M. Burnouf.

DEUXIÈME PARTIE

QUELQUES NOTES D'HISTOIRE

Lors de la première édition de cet opuscule, nous n'avions pas en mains les documents historiques suffisants pour éclairer d'une manière convenable l'origine réelle de l'alphabet *devanagari*. Depuis, nous avons entrepris une étude comparée des divers alphabets antiques et la publication de l'*Archéomètre* de Saint-Yves a projeté une lumière particulière sur les alphabets de vingt-deux.

Nous avons ainsi pu suivre, avec les auteurs classiques, la transformation de l'alphabet hiéroglyphique égyptien (5.000 avant Jésus-Christ) (1) en alphabet hiératique ; de ce dernier, en alphabet phénicien, et du phénicien, dans les divers alphabets modernes, y compris l'hébreu (2).

Or, les travaux des savants contemporains, si admirablement résumés par Ph. Berger, ont démontré que l'alphabet sanscrit avait, comme date et comme origine, la même source que les dérivés du phénicien ou, mieux, de l'araméen.

Nous allons tout à l'heure donner tous les textes nécessaires à l'élucidation de cette importante question. Pour l'instant, nous allons demander à la tradition ésoté-

(1) Papus, *la Langue égyptienne* (premiers éléments).
(2) *Premiers éléments de lecture de la langue hébraïque.*

rique quelques clartés qui devront être, bien entendu, justifiées plus tard par la science officielle.

Nous avons, en effet, le plus grand respect pour cette science, et notre bonheur n'est vraiment complet que quand nous pouvons unir les traditions orales ou symboliques de l'ésotérisme aux enseignements si clairs et si positifs de la science officielle.

Il est toujours amusant de voir des imaginatifs, avides de nouveautés dans tous les plans, donner, sous prétexte d'ésotérisme, des affirmations sans preuves sur divers sujets en accompagnant lesdites affirmations d'ironies spéciales sur la science officielle. Ainsi, certains astrologues faisant de l'onomantie le prennent de haut avec les astronomes, alors que lesdits astrologues ignorent tout de l'astronomie classique.

Au contraire, ce sont de bons astronomes qui ont fait faire en ces dernières années de réels progrès à l'astrologie. Cette remarque est capitale en ce qui concerne la tradition antique et les alphabets.

De prétendus ésotéristes auront beau nous affirmer, avec un aplomb digne d'un meilleur sort, que le sanscrit date au moins de l'an 12.000 avant Jésus-Christ, les recherches des savants viendront remettre les choses au point, en montrant que le premier texte authentique que l'on possède est l'édit d'Açoka (500 avant Jésus-Christ).

Loin de nous la pensée que les Hindous et les savants de l'Université prévédique et brahmanique qui leur ont succédé, ne savaient pas écrire : ce serait une absurdité, mais ils écrivaient en une autre langue que la langue des cités saintes, et cette langue hiéroglyphique, comme toutes les langues véritablement antiques, devait être le watan, redécouverte par Saint-Yves d'Alveydre, ou une autre analogue.

Nous dirons donc, pour mettre tout le monde d'accord, qu'on peut résumer la tradition concernant les alphabets de la manière suivante : d'après les travaux de Saint-Yves d'Alveydre, écho lui-même, à ce sujet, des universités brahmaniques :

1° Il a existé sur terre une période de synthèse sociale, morale, religieuse et scientifique, où l'enseignement intégral était localisé dans les temples. Cette période avait pour caractère l'alphabet hiéroglyphique, à vingt-deux clés, avec d'autres alphabets tenus rigoureusement secrets ; on peut appeler cette période « âge des patriarches ou de la synthèse de Ram » ;

2° A la suite de bouleversements sociaux, il y a eu lutte entre l'enseignement central et divers enseignements de lettrés plus ou moins révoltés contre le centre ; cette période se manifeste par la mise au jour de certains alphabets, comme l'alphabet primitif chinois (des huit Kouas) et l'alphabet hiéroglyphique chinois qui lui a succédé (alphabet des crapauds et des oiseaux) ;

En même temps, naissent dans l'Inde les alphabets « sauvageons » ou prakritis et, en Chaldée, les alphabets « cunéiformes », tous hiéroglyphiques. C'est la période qu'on pourrait appeler succédante à Ram, d'après Ram, ou Ab-Ram, qu'on appelle ésotériquement « période d'Abraham » ;

3° Enfin, il est incontestable que vers 500 avant Jésus-Christ, à la suite de la réunion, sans doute à Babylone, d'un collège de savants, venus de toutes les grandes universités du monde, à cette époque, une clef générale de vingt-deux nombres a été adaptée à des alphabets non hiéroglyphiques, ou dont les hiéroglyphes avaient été fortement transformés. C'est alors que nous voyons ap-

paraître l'alphabet cunéiforme persan, à vingt-deux clefs; l'alphabet assyrien, dit « hébreu », à vingt-deux clefs et, enfin, l'alphabet de la cité sainte, ou dévanagari. Sur ce point, les affirmations des savants semblent incontestables et nous allons maintenant leur donner la parole.

Saint-Yves d'Alveydre pose ainsi la question :

D'après les patriarches qui les ont précédés, les Brahmes ont divisé les langues humaines en deux grands groupes : 1° Devanagaries, langues de Cité céleste ou de civilisation ramenée au Principe cosmologique divin; 2° Pracrites, langues de civilisations sauvageonnes ou anarchiques. Le sanscrit est une langue dévanagari de quarante-neuf lettres ; le vède également, avec ses quatre-vingts lettres ou signes dérivés du point de l'AUM, c'est-à-dire de la lettre M.

Ces deux langues sont cabalistiques dans leur système particulier, dont la lettre M forme le point de départ et de retour. Mais elles ont été, dès leur origine, et demeurent, jusqu'à nos jours, articulées sur une langue de temple de vingt-deux lettres, dont la Royale primitive était l'I.

Toutes rectifications deviennent possibles et faciles, grâce à cette clef, au plus grand triomphe et gloire de Jésus, Verbe de leve, autrement dit de la Synthèse primordiale des premiers patriarches (1).

(1) Saint-Yves, *Archéomètre* (page 128).

*
* *

LA SCIENCE OFFICIELLE, PAR LA PLUME DE PH. BERGER, VA NOUS DONNER UN EXPOSÉ LUMINEUX DE L'HISTOIRE DES ALPHABETS DE L'INDE.

LES ALPHABETS DE L'INDE

La grande diffusion de l'alphabet sémitique à l'époque perse a eu des conséquences d'une importance extrême pour l'histoire de l'écriture, car c'est par elle sans doute qu'il faut expliquer l'origine de l'alphabet hindou. Cette découverte capitale, qui est encore voilée de bien des obscurités, date de trente ans à peine.

L'alphabet sanscrit paraît isolé au milieu des autres alphabets, il ne ressemble à aucun d'entre eux. Le système même de l'écriture sanscrite, avec ses voyelles, ses groupements de consonnes, qui se fondent pour former une unité complexe, paraît très différent du principe qui a présidé à la formation de l'alphabet phénicien et qu'on trouve dans presque tous ses dérivés. Aussi le dévanagari est-il resté longtemps irréductible ; on le considérait comme un alphabet d'origine distincte, créé par le génie hindou. Il n'en est rien pourtant, et l'on a de fortes raisons pour croire que les alphabets de l'Inde, comme tous ceux que nous avons rencontrés jusqu'à présent, dérivent de l'alphabet phénicien ; suivant l'opinion la plus probable, l'ancienne écriture indienne ne serait même pas née directement du phénicien, à une époque très reculée, mais de l'écriture araméenne, à l'époque perse.

Volney, chez qui l'on trouve de si surprenantes ouver-

tures sur les choses de l'antiquité, avait déjà cru entrevoir des rapports entre le dévanagari et les écritures sémitiques. Le théologien allemand Schleiermacher, puis Kopp, l'auteur de la *Paleographia critica*, étaient entrés dans la même voie, mais leur sentiment n'avait rencontré qu'incrédulité : « Il nous paraît, écrit Klaproth, que ces érudits, d'ailleurs estimables, se sont attachés à des ressemblances qui n'existent pas ; car une comparaison minutieuse des anciens alphabets de l'Inde avec ceux des peuples sémitiques conduit précisément à un résultat tout à fait contraire. »

Les travaux des indianistes modernes sur les inscriptions d'Açoka ont donné raison à Volney contre Klaproth, ébranlant du même coup l'ancienne croyance à la haute quantité de la littérature hindoue. Quelle que soit l'opinion que l'on puisse se faire sur la formation des livres sacrés de l'Inde, la paléographie démontre qu'ils n'ont été fixés que très tardivement par écrit.

Chose étonnante, la civilisation hindoue, que l'on considérait comme remontant jusqu'au berceau de l'humanité, n'a pas laissé d'inscriptions qui puissent être comparées, pour l'antiquité, non seulement à celles de l'Égypte et de la Chaldée, mais même aux inscriptions phéniciennes ou grecques. Les plus anciennes que l'on possède sont les inscriptions connues sous le nom d'inscriptions d'Açoka ou de Piyadasi, des noms que porte, tant chez les historiens anciens que dans ces inscriptions mêmes, le roi qui en a été l'auteur.

Les inscriptions de Piyadasi se composent d'une série de textes, fort analogues par leur contenu, qu'on trouve reproduits, avec des variantes insignifiantes, sur plusieurs points de l'Inde ; ils sont gravés, les uns sur des colonnes,

les autres sur des rochers. Ce sont des édits royaux empreints d'une grande élévation morale et qui ont principalement pour but de prescrire aux peuples l'observation de la justice et des vertus bouddhiques. Leur auteur y prend le nom de Piyadasi. La langue de ces inscriptions est sensiblement la même, mais toutes ne sont pas écrites avec les mêmes caractères : on y reconnaît l'emploi de deux alphabets différents.

Une première version des édits a été découverte, au commencement de ce siècle, sur les rochers de Shahbaz-Garhi ou Kapour-di-Giri, à la pointe extrême du nord-ouest de l'Inde, dans la vallée du Caboul, qui confinait à l'ancienne Bactriane et forme aujourd'hui la frontière de l'Afghanistan. Elle est en caractères qui présentent une grande ressemblance avec l'alphabet araméen et qu'on a appelés indo-bactriens. Cette série a été complétée par les édits de Mansera, relevés et copiés par M. Senart sur les collines qui forment au midi les premiers contreforts des montagnes du Khagan et du Kachemir. Les traces de l'alphabet indo-bactrien ne s'étendent guère dans l'Inde intérieure. Mathurâ est jusqu'à présent le point le plus avancé vers le sud où elles aient été constatées.

Les autres copies des édits de Piyadasi sont toutes écrites avec un alphabet différent du précédent et qui a donné naissance à tous les alphabets modernes de l'Inde. M. Senart appelle cet alphabet indien, par opposition à l'alphabet du Nord-Ouest ou indo-bactrien ; on l'appelle aussi alphabet maurya ou magadha, du nom de la dynastie à laquelle appartenait Açoka ou du pays qui formait le centre de son empire. On ne connaît pas moins de dix ou douze copies des édits d'Açoka en caractères indiens, plus ou moins complètes, qui sont disséminées sur toute la

surface de l'Hindoustan. Les plus célèbres sont les inscriptions sur piliers de Delhi et d'Allahbad, ainsi que la série des édits sur rocher gravés à Girnar, dans le Gouzarate.

C'est à James Prisep que revient la gloire d'avoir déchiffré le premier les inscriptions d'Açoka. D'autres s'en sont occupés après lui, en première ligne Eugène Burnouf, qui a posé de main de maître les règles de l'interprétation de ces monuments. Depuis, de nombreux savants anglais et allemands y ont donné leurs soins ; dans ces derniers temps, enfin, M. Senart a fixé définitivement le caractère et la date des inscriptions de Piyadasi, et il en a porté l'étude paléographique et philologique à un tel degré de précision, qu'on les comprend aujourd'hui jusque dans les moindres détails, autant du moins que le permet l'état d'inscriptions souvent fort mutilées.

Grâce à certaines indications historiques contenues dans ces inscriptions, on peut en déterminer la date avec une entière certitude. L'histoire de l'Inde ne nous fournit avec l'histoire grecque qu'un seul synchronisme qui puisse servir de base à une chronologie, c'est ce roi Tchandragoupta, le Sandracottos des historiens grecs, qui fut le rival heureux de Séleucus. Le petit-fils de ce roi et son deuxième successeur, bien connu dans l'histoire de l'Inde, s'appelait Açoka. Or, dans le Dîpavamsa, Açoka reçoit quelquefois le nom de Piyadasi que porte l'auteur de nos inscriptions.

Cette ressemblance de noms, que l'on pourrait attribuer à une coïncidence fortuite, tire une valeur toute particulière des indications historiques fournies par nos inscriptions. Dans le douzième édit, Piyadasi nomme parmi ses voisins Antiochus, roi des Yavanas, c'est-à-dire des

Grecs ; puis, plus au nord, quatre autres rois : Ptolémée, Antigone, Magas et Alexandre. La réunion de ces différents rois rend certaine leur identification ; ce sont : Antiochus II (260-247), Ptolémée Philadelphe (285-247), Antigone Gonatas de Macédoine (278-242), Magas de Cyrène, mort en 258, et Alexandre d'Epire, mort aux environs de l'an 260. Or, c'est précisément l'époque à laquelle régnait Açoka-Piyadasi, le petit-fils de Tchandragoupta. Nos inscriptions viennent donc se placer vers le milieu du IIIe siècle, antérieurement à la révolte de Diodote et à la création du royaume grec de Bactriane.

Le caractère de Piyadasi confirme les résultats auxquels nous conduit l'histoire. Açoka nous est représenté comme le fondateur de la domination du bouddhisme dans l'Inde; or, dans nos inscriptions, nous voyons Piyadasi employer son autorité royale à faire triompher les principes de la morale bouddhique, et il y met une insistance qui est le fait d'un réformateur, insistance bien précieuse pour nous, puisqu'elle nous a conservé les deux grandes formes de l'écriture dans l'Inde ancienne.

Nous nous trouvons donc en présence de deux systèmes d'écriture différents, dont l'apparition sur les monuments contemporains, usités l'un à l'extrémité nord-ouest de l'Inde, sur la route de l'Asie centrale et de la Perse, l'autre dans l'intérieur de la presqu'île de l'Hindoustan : l'écriture indo-bactrienne et l'écriture indienne, et ces deux alphabets nous permettent d'embrasser du regard l'origine et la diffusion de l'écriture dans l'Inde.

PREMIER ÉDIT DE KAPOUR-DI-GIRI.

(Texte indo-bactrien.)

(Senart, *Journal asiatique*, 1888, t. I, p. 522.)

PREMIER ÉDIT DE GIRNAR.

(Texte indien.)

*
* *

Nous restons donc en présence de trois théories : celle qui fait venir l'alphabet indien directement du phénicien, et qui paraît devoir être abandonnée ; une autre qui le rattache aux alphabets sémitiques du Sud ; enfin, une troisième, peut-être la plus probable, qui le rattache, au moins en partie, aux alphabets sémitiques du Nord, et y voit un dérivé de l'écriture araméenne, par l'intermédiaire de l'alphabet indo-bactrien. De toute façon, deux points semblent bien acquis : l'origine sémitique des deux alphabets usités dans l'Inde antique, et la grande part qu'a eue le génie hindou dans l'adaptation de ces deux alphabets aux langues de l'Inde et dans leur constitution définitive.

L'Introduction de l'alphabet dans l'Inde ne doit guère dater que du IVe ou Ve siècle avant notre ère ; auparavant l'Inde ne connaissait sans doute pas l'écriture ; rien du moins dans les Védas ne permet de le supposer. Il y a peu d'apparence que l'usage courant de l'écriture dans l'Inde soit de beaucoup antérieur au temps d'Açoka. Les Brahmanes, ainsi que M. Senard en fait la remarque, étaient peu disposés à se dessaisir de leur monopole. Les bouddhistes, au contraire, ont dû être pressés de se servir de l'écriture pour répandre leur doctrine. Ainsi s'explique la grande extension qu'a prise l'alphabet dès le jour de son apparition dans l'Inde.

Des deux alphabets rivaux que les inscriptions d'Açoka nous ont conservés, le premier, celui du Nord-Ouest, n'a pas eu longue fortune ; il s'est éteint avec le mouvement qui lui avait donné naissance. L'autre, au contraire, a été

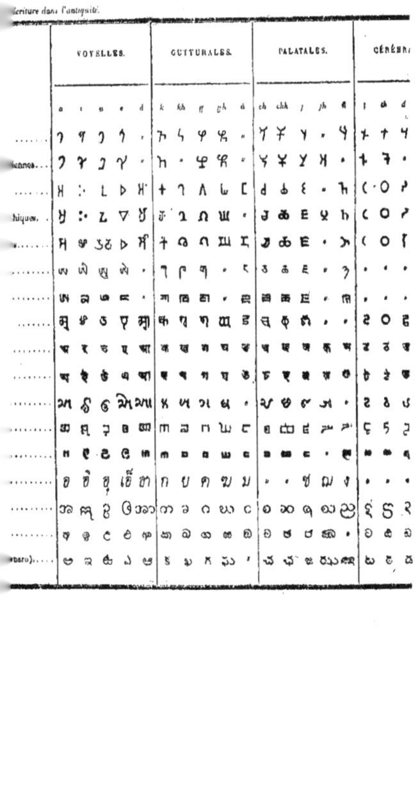
écriture dans l'antiquité.
VOYELLES.
GUTTURALES.
PALATALES.
CÉRÉBR
a i u e ai
k kh g gh ṅ
ch chh j jh ñ
ṭ ṭh ḍ
iennes
hiques
nbaru)

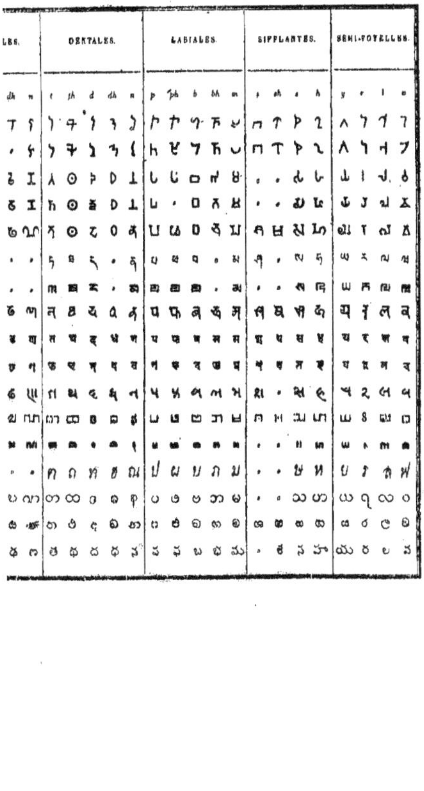
LES.
DENTALES.
LABIALES.
SIFFLANTES.
SEMI-VOYELLES.
ḍh ṇ
t th d dh n
p ph b bh m
ç sh s h
y r l v

appliqué au prâcrit et au pali, puis au sanscrit, et il est ainsi devenu l'écriture de toute la littérature sacrée de l'Inde.

Nous ne pouvons poursuivre toute la série des transformations que l'alphabet indien a parcourues depuis le temps d'Açoka jusqu'à l'écriture moderne du sanscrit classique, à laquelle on donne le nom de dévanâgari. Les étapes de ces transformations sont toutes représentées par des monuments certains et parfaitement connus, d'où ont été tirés les alphabets que nous avons réunis dans le tableau inséré, que nous nous bornons à donner.

1° L'alphabet indo-bactrien d'Açoka ;

2° L'alphabet des monnaies de Bactriane, qui en dérive directement ;

3° L'alphabet indien (*maurya ou magadha*) d'Açoka ;

4° Le caractère des inscriptions trouvées dans les temples souterrains, ou caves bouddhiques, de la côte occidentale de l'Inde, qui peuvent dater du premier siècle de notre ère ;

5° L'alphabet d'une autre inscription, gravée, à la suite des édits d'Açoka, sur la colonne monolithe d'Allahabad, et qui provient d'un des rois de la grande dynastie des Goupta, dont les années se comptent à partir de l'an 319 de notre ère ;

6° Le *Koutila*, qui doit son nom à une inscription de l'an 992 de notre ère, et qui nous fournit un type, bien daté, de la forme de l'écriture d'où est sorti le dévanagâri.

RAPPORT DU SANSCRIT ET DU CHINOIS (1)

Nous venons de dire que la langue parlée des Chinois ne consistait qu'en un petit nombre d'articulations monosyllabiques, augmentées en nuances par quatre accents différents. Ces articulations ont été analysées à une époque indéterminée par les grammairiens chinois, qui ont consacré trente-six caractères à représenter tous les sons initiaux usités dans leur langue, où chaque mot ne forme qu'une émission de voix, et où les sons finaux, dans le dialecte classique de Nan-King, sont tous exprimés par des voyelles et des nasales. Ces sons initiaux sont arrangés dans un ordre constant et systématique, qui a la plus grande conformité avec l'arrangement de l'alphabet sanscrit. On les trouve ainsi disposés dans les Prolégomènes du grand Dictionnaire impérial de Khanghi, divisés en neuf séries, avec les dénominations des organes qui servent principalement à les articuler, et qui sont les mêmes qu'en sanscrit, c'est-à-dire :

1° Sons prononcés en appuyant la langue contre les dents inférieures, ou consonnes dento-gutturales ;

2° Sons prononcés du bout de la langue contre les dents ; ou consonnes dentales ;

3° Sons prononcés en appuyant la partie supérieure de la langue contre le palais, ou consonnes palatales ;

4° Sons prononcés par les lèvres fortement serrées, ou consonnes labiales fortes ;

(1) Pauthier, *la Chine Moderne.*

5° Sons prononcés par les lèvres légèrement fermées, ou consonnes labiales légères ;

6° Sons prononcés de la langue contre les dents supérieures, ou consonnes sifflantes ;

7° Sons prononcés de la langue placée contre les dents de côté, ou consonnes chuintantes ;

8° Sons prononcés du gosier, ou consonnes gutturales ;

9° Sons prononcés partie avec la langue et partie avec les dents, ou semi-voyelles.

Ce sont les Indiens, dit un autre ouvrage (1), qui ont fait connaître ce système à notre empire. Ils voulaient nous enseigner leurs doctrines et leurs traditions, et c'est ce qui les engagea à établir ces caractères (représentatifs des 36 consonnes de l'alphabet sanscrit). Leurs traditions ne leur paraissaient pas suffisamment expliquées, parce qu'il s'y trouvait souvent des mots dont ils ne pouvaient rendre le sens, et dont, pour cette raison, ils voulaient conserver le son (en se bornant à les transcrire). Nos prêtres chinois ont retenu cet usage qu'ils avaient pris des religieux indiens. Ils ont adopté trente-six caractères qu'ils ont déterminés comme radicaux (mères), en les distinguant en quatre classes. Par là on a pu rendre les sons de tous les objets de l'univers : le cri de la grue, le sifflement du vent, le chant du coq, l'aboiement du chien, le fracas du tonnerre, le bourdonnement du grillon ; il n'y a pas jusqu'à la voix de l'homme dont on ne puisse, avec ce secours, saisir l'articulation et les trois intonations. Les prêtres étrangers avaient, avant nous, cet art admi-

(1) *Histoire des Mongols dans les mélanges asiatiques*, de M. A. Rémusat, t. II, p. 155.

able, qui était resté inconnu à nos lettrés. Ce n'est pas que nous n'eussions quelque chose de semblable dans nos caractères figuratifs du son, dont l'invention remonte à l'auguste Tsâng-hie.

*
* *

PRAKRIT ET SANSCRIT

Les Aryas parlaient le prâkrit ou « langage naturel », idiome banal auquel les poètes opposèrent le sanscrit, qui fut « la langue sacrée, juridique et littéraire ». L'alphabet sanscrit est dit admirable ; ses cinquante lettres, distribuées en un bon ordre, répondent aux plus délicates nuances du son ; les voyelles, assonnances sifflantes ou nasales, les effets d'articulations diverses, — gutturales, palatales, cérébrales, dentales et labiales, — tout y est prévu et noté. L'euphonie y est des plus compliquée : on y a reconnu des règles sévères, déduites d'une observation soutenue, reposant sur des principes d'acoustique, et si délicates que nos oreilles blasées ne peuvent en saisir les nuances variées que très difficilement.

La grammaire sanscrite a trois genres, trois nombres et huit cas ; les verbes s'y conjuguent par trois personnes, six modes et six temps. Elle est considérée comme l'une des plus riches grammaires. Cette richesse grammaticale est déjà toute formée dans le Rig-Vêda.

Le langage sanscrit est simple, régulier, clair et plein ; chaque mot original est un fait positif. Trois mille racines monosyllabiques, chacune avec sa signification déterminée et presque toujours physique, constituent le fond de la

langue et conservent leur caractère positif alors même qu'elles subissent un tour nouveau, figuré, sous la volonté capricieuse et tourmentante de l'orateur ou de l'écrivain. La formation des mots est d'une liberté absolue ; on en sait qui ont cent cinquante syllabes. On a dit de cette langue qu'elle était « riche et flexible comme la langue de Platon, inspirée et magique comme le persan et l'allemand, rigoureusement précise comme le latin primitif ». En sanscrit, l'échelle des sons parlés a la régularité d'une gamme musicale ; c'est un instrument merveilleux pour le poète ; le mot même y fait image. Il n'est pas de langue capable de peindre mieux les magnificences de la nature (1).

LES ÉCRITURES DE L'INDE

Le nombre des alphabets en usage dans l'Inde surpasse encore celui des langues qu'on y parle. Les plus anciens monuments de l'écriture dans ce pays sont les inscriptions d'Açoka (a. 250 av. J.-C.) ; les inscriptions du Nord-Ouest (Shahbazgarhi, Manséra) se servent d'un alphabet purement araméen ; celles de l'Inde propre (Cirnar, Khalsi, Dhauli, etc.) emploient un autre alphabet, dont l'origine est fort discutée, mais qui paraît bien dériver des caractères phéniciens, soit que les navigateurs phéniciens l'aient importé sur les côtes du Konkan ou du Malabar, soit qu'il ait passé dans l'Inde avant la conquête macédonienne par l'intermédiaire des Perses. Quoi qu'il en soit,

(1) Marius Fontanes, *Histoire Universelle.*

l'écriture ne tarda pas à se multiplier en variétés nombreuses : les textes bouddhiques énumèrent soixante-quatre espèces d'écriture. Tous les alphabets en usage aujourd'hui se rattachent à l'alphabet indien d'Açoka par une série de modifications faciles à constater dans les inscriptions postérieures, les monnaies et les manuscrits. Les étapes principales du développement épigraphique et numismatique se résument dans les noms des Ondo-Scythes (Mathoura, etc.), des Kchatrapas du Cuzerate (Cirmar, etc.), des Gouptas (Allahabad, etc.) et des dynasties qui se partagent l'Inde et les annexes de l'Inde : Archipel, Cambodge, Champa, etc. La série des manuscrits ne s'ouvre pas avant le ve ou vi^e^ siècle de l'ère chrétienne, avec les feuilles de palmier découvertes en dehors du monde indien, au Kachgar et au Japon. Actuellement le sanscrit s'écrit surtout en caractères dévanagari dans le Nord, grantha dans le Sud de l'Inde ; mais on se sert également de tous les autres alphabets légèrement modifiés ou complétés. Le pali emploie, selon les pays, l'écriture cingalaise, birmane ou cambodgienne. Le hindi s'écrit en lettres dévanagari, kaithi (semi-cursive) ou mahajani (cursive des affaires). L'hindoustani emprunte l'alphabet persan modifié. Le penjabi s'écrit en lettres gourmougkhi, sorte de dévanagari mutilé introduit par les gourous de Sikhs. Le guzerati a un alphabet particulier, formé de caractères dévanagari tronqués et mutilés. Le marathi s'écrit en caractères dévanagaris, balbodh et modi. Le bengali a un alphabet spécial, issu du même type que le dévanagari, mais par une dérivation différente. L'ourlya a également un alphabet propre, le seul tracé en lettres rondes parmi les écritures du Nord. L'assamais a aussi son alphabet ; de même le népalais qui s'est contenté de modifier légère-

ment le dévanagari. Le kachmiri dispose aussi de deux alphabets : le sarada, très archaïque et le thakouri, cursive des affaires.

Les langues dravidiennes disposent de cinq alphabets, issus aussi des caractères d'Açoka, mais par une série de transformations particulières : le tamoul, le télougou, le canarais, le malayalam et le cingalais. Tous les cinq ont un trait original qui les distingue manifestement des écritures septentrionales (l'ouriya excepté) ; ils s'écrivent en lettres arrondies, forme que leur imposaient les matériaux en usage dans le Sud, feuilles de palmier (alles) et stylet de fer.

Les signes de numération doivent être signalés, puisque l'Europe les a empruntés en leur attribuant par erreur le nom de chiffres arabes. Les chiffres anciens, consistant en signes séparés pour les unités, les dizaines, les centaines et les mille, étaient des syllabes. Au cours des premiers siècles après Jésus-Christ, un inventeur encore ignoré reconnut la valeur de position et créa un système de neuf chiffres avec le zéro en plus qui servirent de base à toute la numération. « Cette simple invention a fait plus que toutes les autres, que l'imprimerie et la vapeur même, pour avancer les progrès des connaissances scientifiques et de la civilisation matérielle. »

Grande Encyclopédie (*Inde*).

L'ALPHABET ADAMIQUE, LE SANSCRIT ET L'ARAMÉEN

On voit par les pages précédentes qui résument la question de l'histoire de l'alphabet d'après les savants

classiques, qu'à côté des alphabets de profanes ou Prakriti existaient des alphabets d'initiés ou Devanagari.

Dans son *Archéomètre*, Saint-Yves d'Alveydre affirme que l'alphabet sanscrit ordinaire est issu d'un alphabet sacré et morphologique, employé par l'Église brahamanique depuis la plus haute antiquité et a vingt-deux clefs, comme les alphabets phéniciens et ses dérivés.

Un chapitre entier de l'*Archéomètre* (1) est consacré à l'analyse de ces vingt-deux clefs sanscrites et de leurs rapports avec les vingt-deux clefs des autres alphabets solaires. Nous renvoyons à l'ouvrage original pour les détails et nous donnons ci-après la figure du « Zodiac de la Parole » de Saint-Yves où l'on trouvera les rapports du sanscrit et de l'alphabet que cet auteur nomme Adamique ou Watan.

Nous donnons ensuite l'Alphabet araméen de Ph. Berger qui est la clef réelle, d'après cet auteur, de presque tous les alphabets anciens à vingt-deux clefs.

En rapprochant cette planche de nos publications antérieures sur la langue égyptienne et la langue hébraïque, on obtiendra une vue d'ensemble très intéressante sur les langues sacrées de l'antiquité et sur leurs divers rapports.

(1) Saint-Yves d'Alveydre, *l'Archéomètre*, 1 vol. gr. in-4° Dorbon aîné, Éditeur.

1 aut.

L'Alphabet Araméen et ses dérivés

ARCHAÏQUE.	PERSE.	PAPYRUS.	HÉBREU CARRÉ.	PALMYRE.	NABATÉEN.	ESTRANGHELO.	SYRIAQUE.	COUFIQUE.	NESKHI.
𐡀	𐡀	𐡀	א	𐡠	𐢁	ܐ	ܐ	ا	ا
𐡁	𐡁	𐡁	ב	𐡡	𐢃	ܒ	ܒ	ب	ب
𐡂	𐡂	𐡂	ג	𐡢	𐢄	ܓ	ܓ	ج	ج
𐡃	𐡃	𐡃	ד	𐡣	𐢅	ܕ	ܕ	د	د ذ
𐡄	𐡄	𐡄	ה	𐡤	𐢇	ܗ	ܗ	ه	ه
𐡅	𐡅	𐡅	ו	𐡥	𐢈	ܘ	ܘ	و	و
𐡆	𐡆	𐡆	ז	𐡦	𐢉	ܙ	ܙ	ز	ز ر
𐡇	𐡇	𐡇	ח	𐡧	𐢊	ܚ	ܚ	ح	ح خ
𐡈	𐡈	𐡈	ט	𐡨	𐢋	ܛ	ܛ	ط	ط ظ
𐡉	𐡉	𐡉	י	𐡩	𐢍	ܝ	ܝ	ي	ي
𐡊	𐡊	𐡊	כ	𐡪	𐢏	ܟ	ܟ	ك	ك
𐡋	𐡋	𐡋	ל	𐡫	𐢑	ܠ	ܠ	ل	ل
𐡌	𐡌	𐡌	מ	𐡬	𐢓	ܡ	ܡ	م	م
𐡍	𐡍	𐡍	נ	𐡮	𐢕	ܢ	ܢ	ن	ن
𐡎	𐡎	𐡎	ס	𐡯	𐢖	ܣ	ܣ		
𐡏	𐡏	𐡏	ע	𐡰	𐢗	ܥ	ܥ	ع	ع غ
𐡐	𐡐	𐡐	פ	𐡱	𐢘	ܦ	ܦ	ف	ف
𐡑	𐡑	𐡑	צ	𐡲	𐢙	ܨ	ܨ	ص	ص ض
𐡒	𐡒	𐡒	ק	𐡳	𐢚	ܩ	ܩ	ق	ق
𐡓	𐡓	𐡓	ר	𐡴	𐢛	ܪ	ܪ	ر	ر
𐡔	𐡔	𐡔	ש	𐡵	𐢝	ܫ	ܫ	ش	ش
𐡕	𐡕	𐡕	ת	𐡶	𐢞	ܬ	ܬ	ت	ت ث

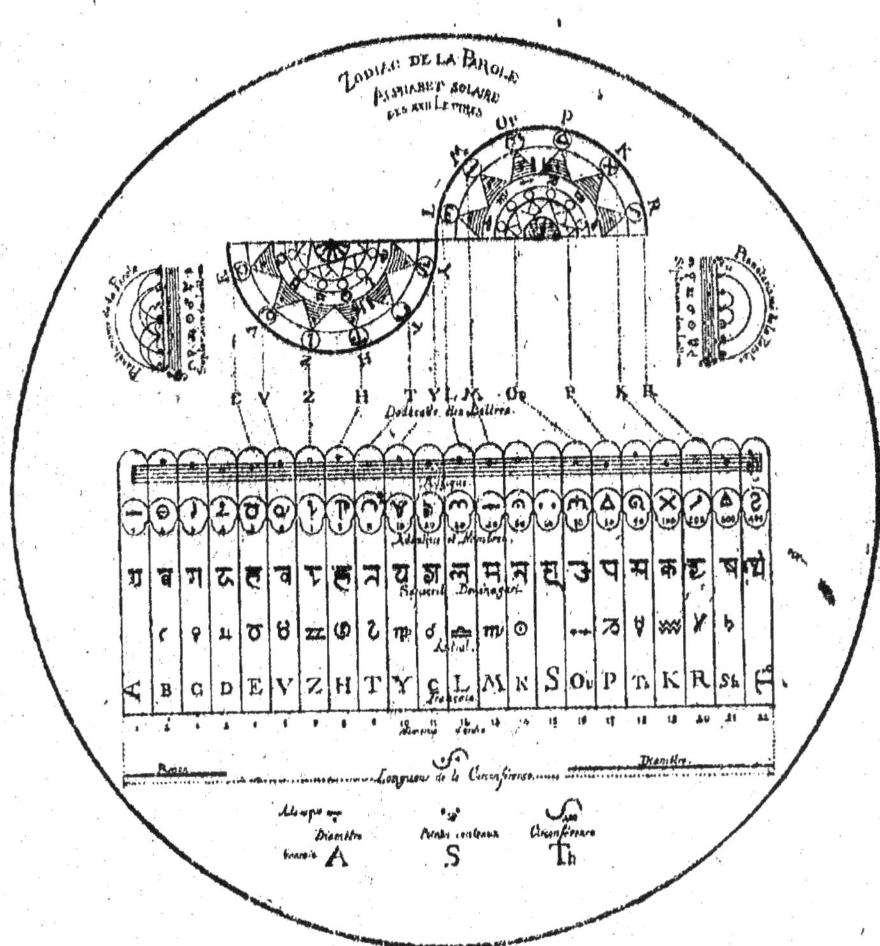

Rapports de l'Alphabet Adamique ou Watan et des lettres sanscrites

d'après Saint-Yves (l'*Archéomètre*)

CONCLUSION

Nous voilà parvenu à la fin de ce petit travail consacré à la lecture du sanscrit. Comme dans nos autres *Premiers Éléments*, nous nous sommes efforcé de donner aux lecteurs le double aspect sous lequel on pouvait considérer les traditions se rapportant au sanscrit : d'abord, l'aspect initiatique d'après les meilleurs auteurs connus pour compétents dans ces questions et, surtout, d'après le merveilleux *Archéomètre* de Saint-Yves ; ensuite, l'aspect scientifique d'après les meilleurs auteurs classiques comme : Ph. Berger et De Lafon.

Comme on le verra, nous avons fait tous nos efforts pour effacer notre personnalité devant ces deux courants traditionnels, de manière à laisser le lecteur juge en dernier ressort des idées qui peuvent davantage l'intéresser.

On remarquera qu'il existe une sorte de caractère de famille entre les diverses langues orientales et nous conseillons vivement à l'étudiant consciencieux qui sera parvenu à pouvoir chercher dans un dictionnaire classique un mot sanscrit (ce qui est le seul but du présent opuscule) de jeter un coup d'œil sur l'alphabet phénicien et sur son origine égyptienne.

L'étude des alphabets et de leurs diverses transformations conduit en effet à des idées aussi positives que nouvelles sur la filiation des diverses traditions initia-

tiques, tant il est vrai que la vérité, en apparence multiple dans ses diverses manifestations, est « une et indivisible dans son essence » et que le travail consciencieux et modeste est toujours préférable à la plus virulente et à la plus haineuse des polémiques.

PAPUS.

TABLE DES MATIÈRES

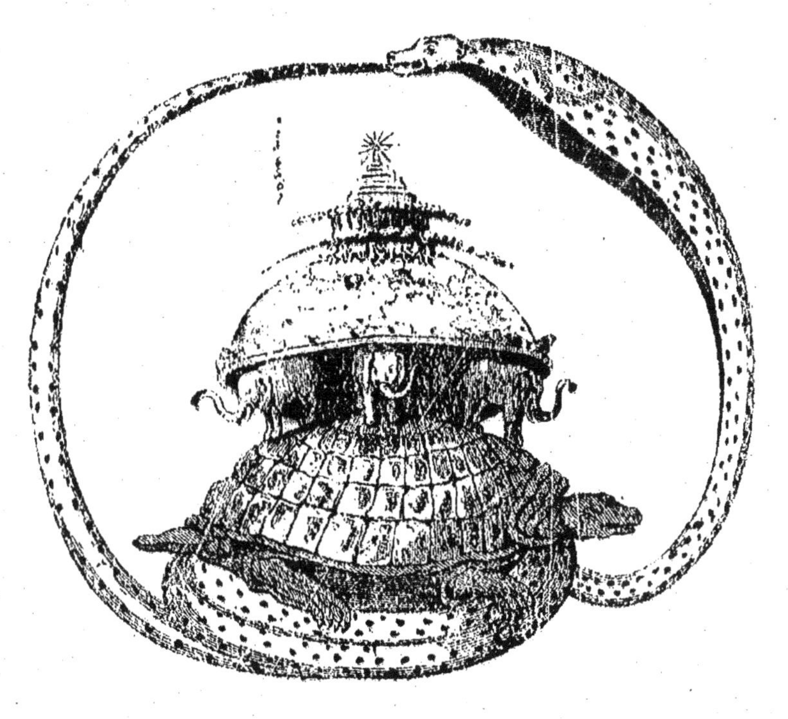

DU MÊME AUTEUR

Premiers éléments :

— de **Lecture de la Langue Egyptienne** (Caractères Hiéroglyphiques). **1.25**

— de **Lecture de la Langue Hébraïque** (Alphabets des XXII). **1.25**

— de **Lecture de la Langue Sanscrite** (Caractères Devanagari). **1.50**

— **d'Astrosophie** (introduction à tous les traités d'Astrologie). **1.00**

— de **Morphologie humaine** (introduction aux arts divinatoires). **1.00**

— **d'Homéopathie pratique** (introduction au Maniement de l'Homéopathie). **0.50**

— **d'Expérimentation psychique.** (Introduction à toutes les expériences de photographie appliquée au Psychisme.)

La série sera continuée. Le prix de chaque opuscule varie de 0 fr. 50 à 1 fr. 50

Paris, Impr. de *Mysteria*, 18, rue Séguier.

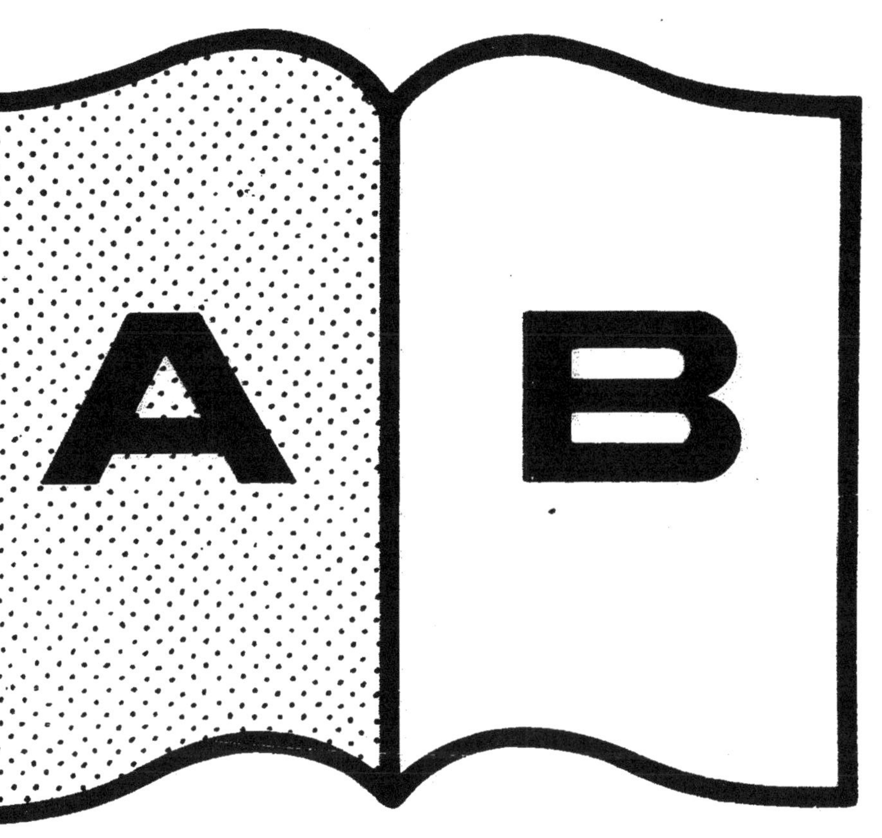

Contraste insuffisant

NF Z 43-120-14

www.ingramcontent.com/pod-product-compliance
Ingram Content Group UK Ltd.
Pitfield, Milton Keynes, MK11 3LW, UK
UKHW022140190726
13855UKWH00003B/1255